主　编：李　唯

编委会：黄蓓红　王　杰　吴湘梅　范营嫒

　　　　王凯莉　饶珊珊　何佳华　曹　聪

　　　　胡　禛　杨秋玲　李亚文　毛婷婷

　　　　黄茹燕　陈怀超

你的心意很温馨

李唯◎主编

中国大百科全书出版社　知识出版社

图书在版编目（CIP）数据

你的心意很温馨 / 李唯主编 . —— 北京：知识出版
社，2023.1

（小学生生命关怀书系）

ISBN 978-7-5215-0621-1

Ⅰ.①你… Ⅱ.①李… Ⅲ.①心理健康 – 健康教育 –
小学 – 教学参考资料 Ⅳ.① G444

中国版本图书馆 CIP 数据核字（2022）第 224750 号

你的心意很温馨　　李　唯 主编

出 版 人：姜钦云
责任编辑：朱金叶
责任印制：李宝丰
出版发行：知识出版社
地　　址：北京市西城区阜成门北大街 17 号
邮　　编：100037
网　　址：http://www.ecph.com.cn
电　　话：010-88390659
印　　刷：天津光之彩印刷有限公司
开　　本：650 毫米 ×920 毫米　1/16
字　　数：80 千字
印　　张：11.25
版　　次：2023 年 1 月第 1 版
印　　次：2023 年 3 月第 1 次印刷
书　　号：ISBN　978-7-5215-0621-1
定　　价：30.00 元

"小学生生命关怀书系"序言

　　李唯校长和她的同事们秉承"生命关怀为本、幸福发展至上"理念所编著的"小学生生命关怀书系"即将出版，可喜可贺。李校长嘱托我写序，我对这套书系所涉猎的主题也十分感兴趣，特坦言两点体会，以作交流。

　　一、关怀的关键在于关怀关系的建立

　　主张教育要"生命关怀为本"是非常正确的；但是，广大教育工作者需要谨记在心的是：关怀的关键在于关怀关系的建立。

　　关怀并不是一种事先就存在的事物，关怀只会发生在关怀关系之中。美国著名教育哲学家内尔·诺丁斯所言"关怀是一种关系"，最大的理论贡献即在这里。若教师或者学生只是在单方面"想"关怀他人，或者只是单方面按照自己的想象去开展所谓"关怀"他人的活动，关怀十有八九不会真实发生。许多关怀失败的教师、家长都抱怨学生说，自己为孩子们"操碎了心"，孩子们却一丁点儿都不领情，所以孩子都是"白眼狼"。殊不知，问题不在学生，而在教育者自身的所谓关怀并没有建立在真正的"关怀关系"之上。一个不能设身处地站在对方（被关怀者）立场上想问题，不能真正理解、切实感动、有效帮助到对方，不能让对方"有获得感"的人，是不可能实施有效关怀的。

所以，重点不是要不要关怀，而是如何实现有效的关怀。关怀教育不是单方面的认知、情感的品德培育，关怀能力提升的关键在于培育关怀者实现"动机移置"，建立关怀关系的意识、情感与能力。

二、幸福生活是对肤浅快乐的超越

幸福生活是人生的终极追求，当然也是教育的根本目标。

"幸福发展至上"的理念是完全正确的。理解幸福的关键在于：幸福生活应当是对肤浅快乐的超越。

在日常生活里，许多人将幸福与快乐相等同。喝一瓶啤酒也"幸福死啦"，故儿童的幸福有可能就是满地撒欢那种令人感动的感性的"欢快"。如果这样理解幸福，幸福的教育就会让孩子在快感中沉沦，真正的教育永远都不会发生。

应该承认，完整的童年是需要"快乐"，包括游戏等的快乐的；但教育最需要提供的，不是肤浅的快乐，而是精神的愉悦。"幸福发展"一方面是身心健康、劳逸结合、自由个性意义上的"全面发展"；另一方面，也许更重要的应当是：孩子通过教育愉快学习，进而通过愉快学习获得精神上的享用——孩子们当下就能获得对已有人类文化的欣赏、掌握的愉悦，更有创造新文化、推进新文明的幸福。因此，教育活动追求内容与形式上的"美感"十分重要。因为在对教育内容与形式之美的欣赏中，孩子们获得的一定是精神意义上的幸福感。

由衷希望"小学生生命关怀书系"对"生命关怀为本、幸福发展至上"理念的用心坚持能够对有相同追求的教育界同人有借鉴意义。

檀传宝

2021 年 2 月 24 日　于京师园三乐居

（檀传宝，北京师范大学教育学部教授、学部学术委员会主席，北京师范大学公民与道德教育研究中心主任，全国德育学术委员会理事长）

理　解

理解需要平等对话，

理解需要换位思考，

理解需要求同存异，

理解需要彼此尊重……

理解需要主动述说，

理解需要耐心倾听，

理解需要同理共情，

理解需要积极乐观……

理解是友情的土壤，

理解是成长的摇篮，

理解是快乐的温床，

理解是幸福的源泉……

——李　唯

目 录

1

第一课
我是情绪管理员

生活当中，我们有许多情绪体验。例如，开心、生气、委屈、愤怒、害怕，还有平静。有的情绪让人感觉很好，我们就认为这是正性情绪；有的情绪让人感觉很差，比如生气，我们就称之为负性情绪。但是，情绪本身并没有对和错之分，关键在于你要怎么处理情绪，调整自己。情绪觉察和情绪管理不仅是一种能力，更是了解自己、认识自己的一个重要途径。让我们一起来寻找管理自己情绪的好方法吧。

多多的心情日记

3月12日

今天早上第一节课是数学课，我是全班第一个挑战数独游戏并且成功的。因此，老师和同学们都称赞我是当之无愧的"最强大脑"。我觉得特别开心，那种感觉就像是飞上了云霄。只可惜，我没能得意太久。第三节课是语文课，上一次的单元测试卷发了下来，我发现自己竟然才考了79分。唉！真是太不理想了。我的心情一下子就从云霄跌入了幽暗的谷底，真难过。

但是，我不能气馁，毕竟"长风破浪会有时，直挂云帆济沧海"嘛。我在分数旁边给自己画了一个金色的太阳，在心里默默对自己说："加油吧！"

4月20日

今天是周日，早上一睁眼，我就从床上爬了起来，开始拼装我的巡洋战舰。我要让我的好朋友李大锤见识一下我的厉害。想象着李大锤看到我的作品时那惊讶的眼神，我乐得笑出了声。我拼了大半天，眼看着就要完工了。这时，妹妹偷偷摸摸地溜了进来，她猛地抓起战舰的雷达就往外跑。见状，我一把拉住她的胳膊，将雷达抢了回来，重新装到战舰上。妹妹哇的一声哭了出来，大喊："妈妈！妈妈！"妈妈立刻从厨房跑了出来，抱起妹妹轻声安慰。她严厉地对我说："多多，你怎么把妹妹弄哭了？你都9岁半了，妹妹才 4 岁，你应该让着妹妹！""是她先抢我东西的！"
我感到特别委屈、愤怒，努力控制着想把妹妹揍一顿
的冲动，提醒自己深呼吸、深呼吸……关上房门，我
把自己埋进被子里听音乐，想让自己好过一点。最后，
我不知不觉睡着了。我正睡得迷迷糊糊的，忽然感到
有个毛茸茸的小脑袋凑到我面前。我睁开眼，发现原
来是妹妹。她笑嘻嘻地举着一块巧克力，说："哥哥，
给你吃！"我忽然觉得，妹妹没有那么讨厌了。或许
我能找到更好的方式和妹妹相处，和妈妈沟通。

5 月 16 日

昨天晚上，我听到爸爸妈妈房间里传来激烈的争
吵声，我猜他们一定是又吵架了。其实，每次他们两
个吵架的时候，我心里都特别担心。果然，今天早上
吃饭的时候，妈妈又不理爸爸，爸爸也不理妈妈了。

妈妈看起来情绪很低落，爸爸也是面色沉重。我对妈妈说："妈妈，你看起来不太开心，你需要我给你一个拥抱吗？"妈妈说："好啊。"于是，我给了妈妈一个大大的拥抱。然后，我又对爸爸说："爸爸，你需要一个拥抱吗？"爸爸张开双臂，把我揽入怀中。那一刻，我觉得很安心。我对爸爸说："可能你和妈妈也需要给对方一个爱的拥抱。"爸爸笑了，妈妈笑了，我和妹妹也笑了。

　　生活总是有晴就有阴，有哭也有笑。难过的时候、委屈的时候、生气的时候，都不要忘了给对方一个爱的拥抱。

◎ 圆桌派

1. 在多多的日记里，他都有过怎样的情绪感受呢？

_____

_____

2. 你是否也像多多一样，有时觉得委屈和愤怒，有时觉得温暖和幸福？

_____

_____

3. 读了这个故事，你有什么启发吗？

_____

_____

◎ 活动坊

活动：情绪 vs 表情

1.搜集情绪词汇：小组搜集尽可能多的情绪词汇，比如，开心、窃喜、狂喜、平静、害怕、尴尬、难过、愤怒、焦虑，等等。然后，将词汇写到卡片上。

2.请同学随机抽取卡片，然后用面部表情和肢体动作把这种情绪表达出来。

◎ 拓展营

　　每个人都会有各种各样的情绪，让你感觉舒服的是正性情绪，让你感觉不舒服的就是负性情绪。其实，情绪本身没有对错，关键是能不能采用恰当的方式调节它。小组讨论，说一说你遇到过什么事，有过怎样的负性情绪体验。想一想，有什么好办法去调节它？

事件	负性情绪	调节方法

每个人都会有负性情绪体验。学习情绪管理，能够让你适当地调节自己，感觉更舒适，从而更好地和他人相处。当你情绪不好时，应该怎么办？

1. 冷静 12 秒

美国情绪管理专家罗纳德博士说："暴风雨般的愤怒，持续时间往往不超过 12 秒钟，虽然爆发时摧毁一切，但过后就会风平浪静。只要控制好这 12 秒，就能控制事情的走向。"因此，当愤怒、生气等情绪出现时，先不要急着开口。在心里默数 12 秒，保持冷静。想一想，现在自己处于哪种情绪状态，为什么有这样的情绪，然后再开口。

2. 深呼吸放松法

（1）双肩自然下垂，闭上眼睛，身体放松。

（2）用鼻子慢慢地、深深地吸气，感受胸、腹张开并吸满气。吸到足够多时，憋气 2 秒，再把吸进去的气缓缓呼出。

（3）在这个过程中，自己可以配合呼吸的节奏，给予一些心理暗示和指导语："吸……呼……吸……呼……"，感受"深深吸进来，慢慢呼出去"的感觉。重复 20 遍，可以配合舒缓的音乐，一边呼吸，一边想象让人放松的美好场景。

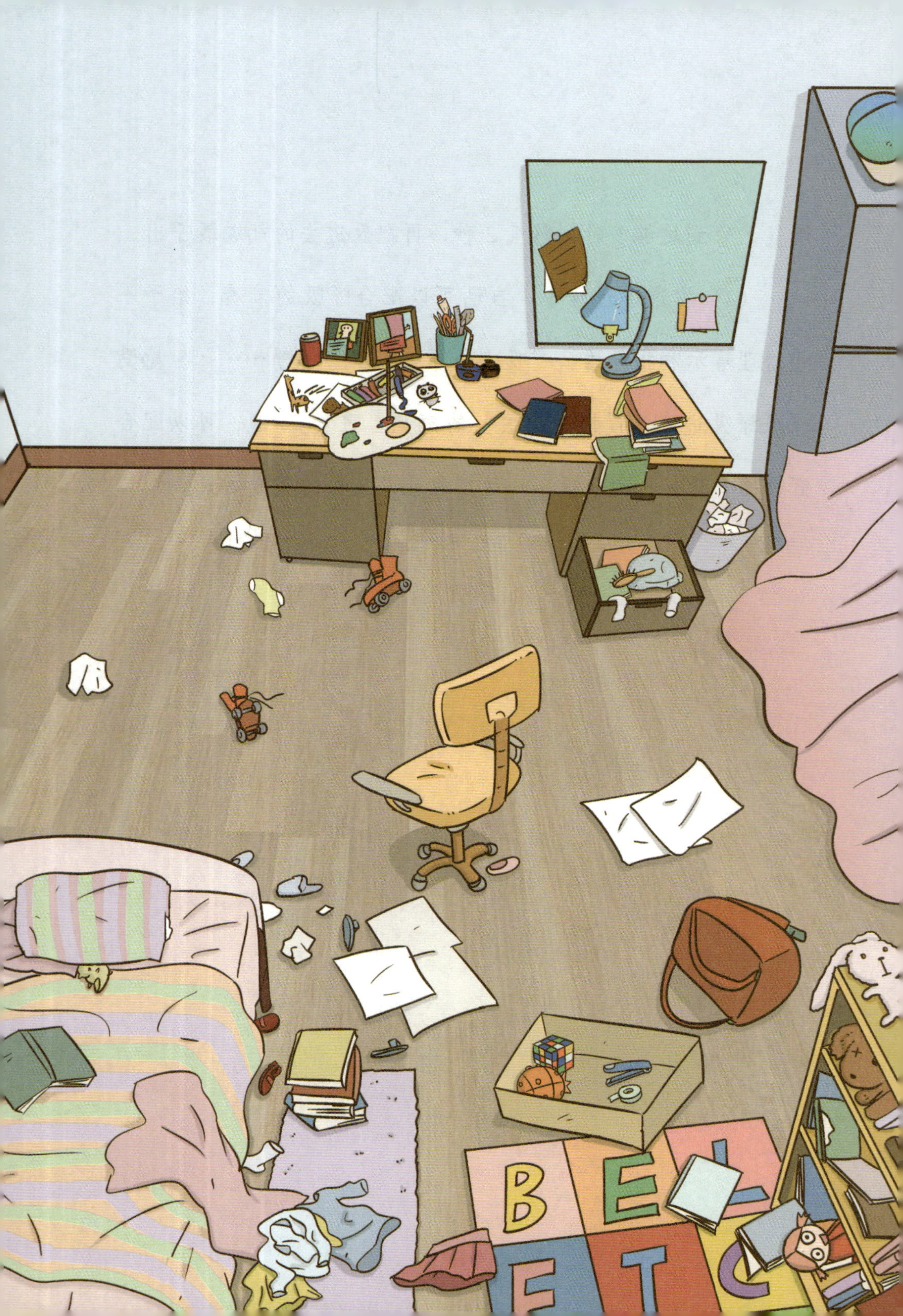

第二课
我是幸福的

每个人都有自己对幸福的理解。有人说，幸福是冬日里喝到的一杯热茶；有人说，幸福是能做自己喜欢的事；有人说，幸福是自己的梦想能够成真；还有人认为，幸福就是能够尽力帮助别人……

我的妈妈

最幸福的事就是"泡"在田里

中国工程院院士、杂交水稻研究的开创者袁隆平，多年来致力于杂交水稻技术的研究、应用与推广，为国家粮食安全、农业科学发展和世界粮食供给做出了巨大的贡献。2019 年 9 月，袁隆平被授予中华人民共和国最高荣誉勋章——"共和国勋章"。接受记者采访时，他表示自己觉得最幸福的事，就是"泡"在稻田里。

新中国成立前，袁隆平亲眼见到倒伏在路边的饿殍，感到十分痛心。从那时起，他就想通过自己的努力，帮助更多的人吃饱饭。1949 年，袁隆平作为新中国成立后的第一批大学生，进入西南农业大学学习。1953 年，袁隆平被分配到湖南省安江农校当教师。在那里，他带着学生开始了农学实验。经过几年摸索，袁隆平发现水稻中有一些杂交组合能够结出更多的稻穗。他认定这是提高水稻产量的重要途径。此时，培育杂交水稻的念头第一次浮现在他的脑海里。为此，袁隆平开始了以杂交水稻为研究方向的科研生活。然而，这条路并不好走。他经常需要头顶着烈日，腿泡在"稻海"里。每当这时，身体的上半截被太阳晒着，很热；两条腿却在田里的冷水中泡着，很冷。他每天就像大海捞针一样，拿着放大镜，一垄垄、一行行、一穗穗，在成千上万株稻穗里寻找水稻雄性不育株。

功夫不负有心人，1970 年，袁隆平研究团队终于在海南岛南红农场找到了野生不育株——这是日后所有杂交水稻的母本。接下来，袁隆平团队经过优胜劣汰，终于筛选出优秀的种子，并开始在全国范围内大面积试种杂交水稻。这让他不禁感叹："研究杂交水稻快10年了，前8年我都失败了，这次终于看见希望了。"

袁隆平研究的杂交水稻在国内广泛种植后，全国粮食产量大幅增加。1976年，全国粮食总产量达到28631万吨，比1965年增长了47.2%。1976-1999年，我国累计推广种植杂交水稻35亿亩，增产稻谷3500亿公斤，相当于解决了3500万人口的吃饭问题。仅"十一五"期间，经农业部确认的超级水稻（即杂交水稻）在我国累计推广4.14亿亩，每年增产的稻谷可以多养活7000万人口。2005年，联合国宣布停止对中国进行粮食援助，中国持续26年的粮食受赠史终于画上了句号，中国终于能靠自己吃饱饭了。

袁隆平还将杂交水稻这一技术与世界共享。从 20世纪 80 年代开始，袁隆平和他的团队就开办了杂交水稻的技术培训国际班，为近 80 个发展中国家培养杂交水稻技术人才。目前，全球已经有 40 多个国家和地区实现了杂交水稻的大面积种植。

袁隆平在 91 岁高龄时仍然痴迷于土地，每天都坚持下田看杂交水稻。在超级杂交水稻的研究方面，他始终"不知足"，认为"科学上有新发现，技术上有新发明，是搞科技的人最幸福的事"，因为这样才可以帮助更多的人改善生活。

圆桌派

1. 袁隆平的幸福来自哪里？

_____

_____

_____

2. 你理解的幸福是怎样的？

_____

_____

_____

3. 为什么人会感觉不幸福？如何才能更加幸福？

_____

_____

_____

◎ 活动坊

活动1：想一想

　　请思考你亲身体验过的幸福时刻，用写一写、说一说、画一画等方式记录下来，和大家一起分享。

活动2：问一问

　　走访调查你身边生活得很幸福的人，了解他们幸福的秘诀是什么？

◎ 拓展营

拓展：让自己更幸福

1. 学会感恩，每天记下值得感恩的事情，想象当时的体验和感受。

2. 打造幸福地图，记下确定让自己感到幸福的事情并坚持去做。

3. 从失败中学习，练习从每一件令自己不开心的事情中去发现它的好处，将失败当作财富。

◎ 小视野

工作和学习是我们生活中的重要部分，常常会影响我们的幸福感。全球最知名的心理学家之——契克森米哈赖通过长期的实验研究发现，当人全身心贯注于某种活动时，会感受到一种愉悦、充实及忘我的独特的感觉体验。人体验这种感觉的次数越多，他对生活的满意度也会越高，幸福感也就越强！

那么，我们怎样在固定的时间内高度专注地完成某件事呢？我们可以尝试这样的方法：

1. 制订计划，时间分块

制订好一天的计划，并严格执行。将自己的时间划分成专注时间块和杂项事务时间块。然后，结合自己的作息和喜好，安排好自己专注时间块的任务。养成习惯后，启动专注就会变得非常容易了。

2. 刻意训练，小步前进

对于准备开启专注任务的新手来说，如果一开始就是高强度的训练，是非常容易造成逆反心理的。尤其是指定了高强度的工作时长和目标，但是坚持不下来的时候，就会产生强烈的挫败感，从而放弃。因此，应该刻意训练，小步前进。

比如，可能一开始对自己的期望是40分钟，但做了测试后，发现实际只能专注10分钟或者5分钟，就被其他事务干扰。这时候，就要分析注意力被转移的原因，可以开始给自己制定小步快走的目标了。

比如，可以使用"番茄钟"软件设置时间，尽量让自己不要在一个番茄钟内过度用脑，让自己在每个番茄钟内充分地用脑，专注做事，简单休息后，再开启下一个番茄钟。

3. 远离干扰、专注工作

（1）专注工作时间段内尽量不要喝水。喝水意味着你在接下来的30-40分钟内很可能去上厕所，这样会打断你的思维和工作节奏。尽量在完成这个番茄钟后再喝水。

（2）关闭手机和电脑上所有无意义的通知。不要打开社交网络软件，也不要和身边的人聊天。

（3）桌面不要放容易造成干扰的物品。如零食、漫画，以及各种容易吸引你注意力的东西。

第三课
让生命化蛹为蝶

每个人生命的起点都是不同的，有的人出身富裕之家，有的人出身寒微，有的人一出生就遭受不幸……尽管我们生命的起点不同，但只要我们努力不懈，总有一天，我们都能化蛹为蝶，奏响自己的生命之歌。

"蝴蝶总理"

生命中，有些东西是我们无法改变的。比如，我们的出身、相貌、家境等，这些都是我们生命中的"茧"。然而，有些东西是人人都可以选择的。比如，自尊、自信、毅力、勇气，它们是帮助我们突破命运之茧、由蛹化蝶的生命之光。我们往往羡慕那些轻轻松松便在理想之路上走了很远的人，但他们毕竟是少数的幸运儿，大多数人都是背负着人生苦难的重荷，一步步地慢慢向前。只有坚持到最后，才能走到最远。

有这么一个孩子，疾病导致他的左脸局部麻痹、嘴角畸形，还有一只耳朵失聪。他的母亲常常为此陷入深深的痛苦之中："一个来到世界上没几年的孩子，就要忍受不幸命运的折磨，他以后怎么生活啊？"但她除了对孩子倍加爱护之外，还能做些什么呢？

　　也许这个孩子注定会成为生活的强者，挫折使得他比一般的孩子更快地走向成熟。他默默地忍受着别人嘲笑的目光和讥讽的话语，虽然感到自卑，但奋发图强的决心也变得更强了。

　　为了矫正自己口吃的毛病，他模仿西方的一位有名的演说家，嘴里含着小石子讲话。看着嘴唇和舌头都被石子磨破的儿子，母亲流着眼泪心疼地说："不要练了，妈妈一辈子陪着你。"懂事的他一边替妈妈擦着眼泪，一边说："妈妈，书上说，每一只漂亮的蝴蝶，都是自己冲破束缚它的茧之后才变成的。如果别人帮忙把茧剪开一道口，由茧变成了的蝴蝶是不美丽的，我要做一只靠自己的努力破茧而出的美丽蝴蝶。"

经过刻苦练习，他终于能流利地讲话了。凭借着惊人的毅力、天赋和勤奋，中学毕业时，他不仅取得了优异的成绩，还收获了大家的友谊。周围再也没有人嘲笑他，大家对他只有敬佩和尊重。这时，妈妈为他找到了一份不错的工作，她希望自己的儿子能够尽量过得顺遂一些。然而，他却对妈妈说："我要做一只美丽的蝴蝶。"

1993年10月，博学多才、精明强干的他参加了总理竞选。他的对手居心叵测地利用电视广告夸大他的脸部缺陷，还写上了这样一句广告词："你要这样的人来当你的总理吗？"然而，这种极不道德的带有人格侮辱的攻击招致了大部分选民的愤怒。人们知道他的成长经历后，纷纷对他抱以极大的同情和尊敬。他的竞选口号"我要带领国家和人民成为一只美丽的蝴蝶"，让人们深受鼓舞。最终，他以高票数当选为总理，并在1997年和2000年两次大选中连续获胜，蝉联总理。人们亲切地称他为"蝴蝶总理"。

　　他就是加拿大历史上第一位三度连任并跨世纪的总理——让·克雷蒂安。

◎ 圆桌派

1. 你认为让·克雷蒂安是如何让他的生命绽放光彩的？

_____

_____

_____

2. 你从让·克雷蒂安身上学到了哪些优良品质呢？

_____

_____

_____

◎ 活动坊

1. 说一说你曾经遇到过哪些挫折？你都是如何解决的呢？

_____

_____

_____

2. 在生活中遇到挫折时，我们还可以怎么做？

_____

_____

_____

拓展营

学习知识固然重要，但培养乐观、坚毅的品质同样不容忽视。因此，我们需要注重培养儿童的"成长性思维"。

拓展1：读一读

斯坦福大学的德韦克教授曾经做过一个非常著名的实验，情况是这样的：

科学家给一些小学生做了一项智商测试，而后分别以三种方式告诉他们测试结果。

实验组一（称赞其智商）：哇哦，这是个很好的分数，你真聪明啊！

实验组二（称赞其过程）：哇哦，这是个很好的分数，你之前一定很努力吧！

对照组：这是个很好的分数。

称赞完了之后，给这三组孩子一个选择题：

现在有三个任务，你可以挑一个来做？

其中一个是非常困难的任务，你可能会犯错，但是能学到东西；还有一个是很新鲜的任务，你可能从来没接触过；而最后一个是你很擅长的任务，你必定能很好地完成。

绝大多数被称赞过天赋的孩子，都选择了最简单的任务，因为他们有把握可以做好，因为他们不敢挑战自己身上"天才儿童"（Gifted Child）的标签。而被称赞了过程的孩子，几乎都选择了看起来比较困难，但能学到东西的任务。

总之，好的称赞方式会特别重视过程，让孩子能坦然接受挫折，愿意不断地进行自我挑战，从而培养他们的成长性思维。

拓展2：做一做

游戏名称："成长性思维"训练

游戏准备：卡纸、彩笔、彩色便笺、普通便笺

游戏过程：

1.和爸爸妈妈一起进行头脑风暴，收集在家里经常听到的抱怨或者评价的语句，写在普通便笺上。

2.尝试将这些语句转化为成长性语句，写在彩色便笺上。比如：

我数学不行。——我要训练我的数学能力。

我放弃了。——我得想点招儿。

这太难了。——我需要多花点时间和力气。

我不可能和她一样优秀。——我看看她有哪些方面可以让我学习。

这个不太可能做得更好了。——我还可以做得更好，继续努力。

不好，出错了。——没事儿，吃一堑，长一智。

我失败了，完了。——我还没有成功。

3.制作一张精美的海报，放在醒目的地方，以便时时提醒自己。

从学生到教师：这是"生"的力量

2018 年 5 月 12 日，是第十个全国防灾减灾日，也是第七个全省防震减灾宣传活动周。对于正在龙里县参加反恐及消防应急演练的张亚男教练来说，今天是个特殊的日子，距离那段生死记忆刚好走过十个年头。

10 年前，张亚男还是四川省什邡市龙居镇中心小学的一名四年级的学生。2008 年 5 月 12 日，她经历了那场举世震惊的 5·12 汶川特大地震。

"我坐在靠窗的座位，手倚着窗台，忽然感觉手在抖，看教室的灯也在晃，我一下子就弹跳起来。"短短数秒，可谓天翻地覆，张亚男继续回忆道，"我从后门跑到楼梯口，所有人都堵在那里，一拨一拨地往前推，我跟着从楼梯上滚了下去，很多人从我身上踩过，那一刻，我觉得心脏快要停止跳动了。"

幸运的是，在强震中间隔的一两秒时间里，老师发现了被压在底下的她，迅速把她拉了出来，抱着她冲出教学楼。他们刚一出来，身后，三层高的教学楼轰然坍塌了。

地震过后的一周，张亚男几乎都是窝在妈妈的怀里，瑟瑟发抖、神志恍惚。遍地的瓦砾、坍塌的教学楼……当时的画面在她的脑海里一遍遍地闪现。

"比起很多人，我已经幸运太多了。"张亚男所说的幸运，不仅仅是指她活了下来，更重要的是，她恰恰是在一个世界观、价值观刚开始形成又尚未固定的阶段经历了地震。因此，无论是对十年前的劫后余生，还是对十年后的学习生活，张亚男的心里，都多了许多珍惜和感恩之情。

2016 年，张亚男考入贵阳幼儿师范高等专科学校。从四川到贵州，从当年劫后余生的惊惶、迷茫到今天的积极求学，如今的她，充满着青春的纯粹与无畏。而在那张朝气蓬勃、开朗乐观的笑脸上，我们不难看出一丝早熟和要强，更能感受到

她的那颗坚强、感恩的心。独立、坚强、温暖、努力、爱，以

及对生命的敬仰，这些都是她对自己的期待。

梦想创造未来

梦想，是指路的明灯，是沙漠中的绿洲，它引导我们在人生的道路上不断前行。梦想是美好的，即使再小，也有光芒；即使渺茫，努力后就有希望。

活动一：欣赏诗歌《梦想》

梦想

佚名

梦想是灯塔，指引人生前进的方向。

一个没有梦想的人，就像鸟儿没有翅膀；一个没有梦想的人，就像船只失去方向。

面向太阳，就会是希望；勇敢成长，就是种锋芒。

我相信，梦想就是最好的信仰。

它指引着我向前，让我不再彷徨。

就算前路充满荆棘，困难重重；就算面临失败、痛苦、挣扎。

只要把坚强作为翅膀，逆风也能飞翔；

只要把希望化成力量，奇迹会从天而降。

我相信，我就是我。

独一无二，势不可当；

不怕孤独，不惧风浪。

因为有你，与我并肩。

我相信朝着梦想，大步向前。

我们可以改变世界 我们可以实现梦想

I believe I can!

活动二： 梦想交流会

实现梦想的四个步骤：给梦想定一个目标——给梦想一个计划——全心全力地实施计划——反馈并调整计划。

1. 你的梦想是什么？写下你的梦想，要求具体、明确，并给你的梦想制订一个"计划表"。

2. 小组讨论：请和你的同伴讨论你的"计划表"是否合理，然后根据同伴的建议进行修正，让你的计划更加切实、可行。

3. 请尽可能地实施你的计划，对已完成的计划做标注，分析未完成计划的原因，并及时调整你的计划，使你的梦想越走越近。

活动三： 小视野

梦想和实践是缺一不可的，没有梦想就没有前进的动力，有梦想却不去努力，就只是空想。请阅读下面的故事，思考如何实现梦想。

把梦想交给自己

伯杰是个大富翁。一天，他看到一个年轻人坐在街边的一张长椅上发呆，便上前问他有什么心事。年轻人叹着气说："我在为自己的梦想而难过。我希望有个大老板帮我开一家大公司，可是这个梦想太遥远了，我连今天晚上睡哪儿都不知道。"

伯杰笑着问他："你有什么近一些的梦想吗？"年轻人想了想，说："我想躺在一张宽敞的床上，舒舒服服地睡一觉。"伯杰说："年轻人，我可以帮你实现这个梦想。"接着，伯杰邀请年轻人来到自己的别墅，指着有一张豪华软床的卧室说："这是我的房间，你今晚可以睡在这儿。"年轻人千恩万谢后，满足地往床上一倒，很快就睡着了。

第二天早上，伯杰来到卧室，见年轻人已经起床，便笑着说："虽然你昨天的梦想实现了，但你要记住，这幢房子和这张床，依旧是我的。"年轻人露出若有所思的表情，他真诚地向伯杰道了谢，然后离开了。

20 年后的一天，伯杰突然收到一封邀请函，是一位名叫特纳的大亨寄来的。伯杰应邀前往，发现现场有很多社会名流。特纳站在台上说："今天，我要感谢在我通往成功的路上第一个帮助我的人，他就是我 20 年前的朋友伯杰先生！"

伯杰这才恍然大悟，原来特纳就是当年那个穷困潦倒的年轻人。这时，特纳走了过来，紧紧地握住伯杰的手，说："感谢您帮助我实现了那天晚上的梦想，但我更感谢您第二天早上对我说的话，您让我明白，必须把梦想交给自己。只有靠辛勤努力实现的梦想，才是真实的。"

第四课
患难见真情

每个人都需要朋友，因为当我们遭遇挫折时，朋友之间可以相互扶持，成为彼此的支柱，共渡难关。伤心时，朋友会给予你安慰；迷茫时，朋友会为你出谋划策；遇到困难时，朋友会陪你一起克服。

真正的友谊

　　清朝时，有个叫吴兆骞的读书人。他少年时便才华横溢，蜚声文坛。

　　公元 1657 年，吴兆骞参加江南乡试，顺利地考中了举人。这本来是一件天大的喜事，不料祸从天降。由于受到当年科举舞弊案的牵连，吴兆骞和其他录取的举人全部被召到北京，重新考试。当时正是隆冬季节，天寒地冻，所有考生被押到露天考场上限时答卷。不仅如此，每名考生的身后还站着两名手持钢刀、负责严密监视他们的士兵。吴兆骞并未参与科场舞弊，但由于又冻又怕，他未能按时答完卷，结果不幸遭到了冤判。吴兆骞的家产被抄没，全家被流放到宁古塔（现在的黑龙江海林市长汀镇）。面对这种情形，昔日的亲朋好友大多避之唯恐不及，临行之际，好友顾贞观却毫不避讳地赶来送行。他劝吴兆骞耐心等候，并表示自己将来必定设法营救他们一家。患难时刻方见真情，吴兆骞感动得落下泪来。

在冰天雪地的宁古塔，吴兆骞度日如年，但是他相信好友一定会想办法来搭救自己。事实也的确如此，远在江南的顾贞观一刻也没有忘记对好友的承诺。二十年来，他四处奔波，每天都把吴兆骞的诗文带在身上，一有机会就拿出来给别人看，希望能得到贵人相助。只可惜，始终没能如愿。

后来，顾贞观来到北京。当时正是寒冬腊月，看着窗外纷纷扬扬的雪花，他不由得触景生情，想起了身处苦寒之地的好友。于是，顾贞观写下了感人肺腑的《金缕曲》。

转机终于出现了。一次，顾贞观有幸结识了当朝宰相的儿子纳兰性德。等到时机成熟，顾贞观就把自己写的那首《金缕曲》拿给纳兰性德看，请他出手相救。纳兰性德看后，感动得不禁落下泪来。他感叹世上竟有如此真挚的友情，并当即郑重承诺，必定办妥此事。

康熙二十年（1681 年），在顾贞观、纳兰性德等人的斡旋下，吴兆骞终于被赎回。

吴兆骞做梦也没想到，二十三年后，自己还能活着离开宁古塔。也许他更加想不到的是，三百多年后，世人仍在传颂他和顾贞观的这段难能可贵的友情。

⊚ 圆桌派

1. 是谁设法将吴兆骞从宁古塔赎回的？

_____

_____

_____

2. 你觉得吴兆骞与顾贞观之间是真正的友谊吗？为什么？

_____

_____

_____

3. 在你眼中，怎样才算是真正的朋友呢？你是否有这样的朋友？

_____

_____

_____

◎ 活动坊

活动1：读一读

贫交行

【唐】杜甫

翻手作云覆手雨，纷纷轻薄何须数。

君不见管鲍贫时交，此道今人弃如土。

仔细阅读这首古诗，体会诗人内心的情感。揣摩一下，诗人心中的友情应该是什么样子的。

活动2：想一想

林林的好朋友红红最近很不对劲，不仅常常没能完成作业，上课的时候还总是打瞌睡。而且，她的成绩更是下滑了很多。林林很担心红红，就问她到底发生了什么事情。红红告诉他，自己的妈妈最近身体不舒服，爸爸却出差了，她每天得忙着照顾妈妈，不但没有足够的时间做作业，而且很晚才能睡觉。因此，学习上出现了一些问题。

如果你是林林，你要怎么帮助红红？

◎ 拓展营

拓展：忆一忆

回忆一下，你是否也有这样的真朋友？在你遇到困难时，你的朋友是否帮助你渡过了难关呢？你当时的心情是怎样的呢？分享一下吧。

管鲍之交

在中国的历史上，有一对朋友很有名，人们称他们为"管鲍"，指的是公元前7世纪春秋时期的政治家管仲和鲍叔牙。

管仲家里比较穷，鲍叔牙比较富有，虽然家境相差极大，但是他们之间彼此了解、相互信任。管仲和鲍叔牙早年合伙做生意，管仲出很少的本钱，分红的时候却拿很多钱。鲍叔牙毫不计较，他知道管仲的家庭负担大，还问管仲："这些钱够不够？"有好几次，管仲帮鲍叔牙出主意办事，反而把事情办砸了，鲍叔牙也不生气，还安慰管仲，说："事情办不成，不是因为你的主意不好，而是因为时机不好，你别介意。"管仲曾经做了三次官，但是每次都被罢免，鲍叔牙认为不是管仲没有才能，而是因为管仲没有碰到赏识他的人。管仲参军作战，临阵却逃跑了，鲍叔牙也没有嘲笑管仲怕死，他知道管仲是因为牵挂家里年老的母亲。

后来，管仲和鲍叔牙都从政了。当时齐国朝政很乱，公子们为了避祸，纷纷逃到别的国家等待机会。管仲辅佐在鲁国居住的齐国公子纠，而鲍叔牙则在莒国侍奉另一个齐国公子小白。不久，齐国发生暴乱，齐王被杀死，国家没有了君主。公子纠和小白听到消息，急忙动身往齐国赶，想抢夺王位。两支队伍正好在路上相遇，管仲为了让纠当上国王，就向小白射了一箭，谁知正好射到小白腰带上的挂钩，没有伤到小白。后来，小白当上了国王，历史上称为"齐桓公"。

齐桓公掌权后，就让鲁国把公子纠杀死，把管仲囚禁起来。齐桓公想让鲍叔牙当丞相，帮助他治理国家。鲍叔牙却认为自己没有当丞相的能力，他大力举荐被囚禁在鲁国的管仲。鲍叔牙说："治理国家，我不如管仲。管仲宽厚仁慈、忠实诚信，能制定规范的国家制度，还善于指挥军队。这都是我不具备的，所以陛下要想治理好国家，就只能请管仲当丞相。"齐桓公不同意，他说："管仲当初射我一箭，差点把我害死，我不杀他就算好了，怎么还能让他当丞相？"鲍叔牙马上说："我听说贤明的君主是不记仇的。更何况当时管仲是为公子纠效命。一个人既然能忠心为主人办事，也一定能忠心地为君王效力。陛下如果想称霸天下，没有管仲就不能成功。您一定要任用他。"齐桓公终于被鲍叔牙说服了，把管仲接回齐国。管仲回到齐国，当了丞相，而鲍叔牙却甘心做管仲的助手。在管仲和鲍叔牙的合力治理下，齐国成为诸侯国中最强大的国家，齐桓公成为诸侯中的霸主。

　　鲍叔牙死后，管仲在他的墓前大哭不止，想起鲍叔牙对他的理解和支持，他感叹说："当初，我辅佐的公子纠失败了，别的大臣都以死誓忠，我却甘愿被囚困，鲍叔牙却未耻笑我没有气节，他知道我是为了图谋大业而不在乎一时的名声。生养我的是父母，但是真正了解我的是鲍叔牙啊！"

　　管仲和鲍叔牙之间深厚的友情，已成为中国代代流传的佳话。在管仲每一次遇到困难的时候，鲍叔牙都会站在他的角度上为他考虑，帮助他，信任他。因此，现在的人们常常用"管鲍之交"来形容自己与好朋友之间亲密无间、彼此信任的关系。

第五课
求 同 存 异

古语有云："君子和而不同。"我们在与别人相处的过程中，难免会遇到观念不同的情况。对待不同的观念，我们应该保持基本的尊重，求同存异，理解、包容多元的观念。

君子和而不同

　　胡适和陈独秀曾共同发起过轰轰烈烈的新文化运动，但后期他们在思想上逐渐产生了分歧。然而，无论他们在政治、思想上多么水火不容，二人的友谊却从未断绝。

　　1916年10月，身在美国的胡适致信陈独秀，提出"文学革命"的八条主张。这与陈独秀的想法不谋而合。于是，他立即把这篇文章发表在《新青年》上。文章一发表，在文学界立即引起了极大的震动，并吹响了文学革命的号角。

新文化运动后期，陈独秀与胡适在政治、思想上的分歧日渐明显。陈独秀对政治的热情日益高涨，而胡适却是一个只想做学术研究的书生，主张"只谈文化，不谈政治"。

虽然思想上有分歧，观点上有差异，但这并没有影响二人的友谊。

在胡适因病住院期间，陈独秀多次去探望。五四运动爆发后，陈独秀因为散发《北平市民宣言》而被捕。胡适积极奔走、多方营救，终于使陈独秀得到释放。1922 年，陈独秀在上海再次被捕，胡适依然积极游说有关部门，使陈独秀再次获释。1932 年，陈独秀又一次被捕，胡适依然努力活动，但这次没能奏效，陈独秀被判了刑。然而，胡适并没有放弃，在陈独秀坐牢期间，他继续为陈独秀四处呼吁。陈独秀出狱后，定居四川江津，生活十分困难。当时，胡适在美国任中国驻美大使，得知陈独秀的情况，便想方设法为陈独秀联系好了到美国定居的手续，打算接陈独秀到美国。但是，陈独秀拒绝了胡适的帮助，不久便病逝了。

虽然私交甚笃，但不因此而改变自己的政治观点；虽然思想上有分歧，但不因此而影响私下的友谊。两位学者的这种风骨，至今仍值得我们景仰。

◎ 圆桌派

1. 陈独秀和胡适是因何走到一起的？

_____

_____

_____

2. 之后，二人的思想产生了分歧。为什么陈独秀被捕之后，胡适却依然努力地去营救他？

_____

_____

_____

3. 你怎样评价胡适和陈独秀的友谊？

_____

_____

_____

◎ 活 动 坊

活动：演一演

胡适来到了<u>监</u>狱里看望陈独秀，他们碰面时会说些什么呢？

请同桌之间互相讨论，一个当陈独秀，另一个当胡适，用演一演的方式，把他们之间的对话模拟出来。

◎ 拓 展 营

拓展1：我是小小辩论家

许多同学都有参加课外辅导班的经历，有些同学甚至参加3个以上的辅导班。你觉得参加课外辅导班有利于学生的成长吗？请大家当小小辩论家，分成正方和反方两组，先听听他人的观点，然后把自己的观点完整、清楚地传达给对方辩友。在辩论的过程中，即使对方的观点和你不一致，也应当尊重对方的观点，做一个有礼有节、求同存异、和而不同的人。

正方认为："参加课外辅导班有利于学生的成长。"

反方认为："参加课外辅导班不利于学生的成长。"

拓展2：想一想　说一说

以下同学的行为做到了"和而不同""求同存异"吗？

1. 小明和小方因为一道数学题的不同解法产生了争执，两个人都觉得自己的方法最正确，为此大吵一架，不欢而散。

2. 班上组织春游，问同学们想去哪里。小宇想去海洋馆，而其他同学都想去动物园。小宇表示，自己可以跟其他同学一起去动物园，等爸爸妈妈周末的时候再单独带他去海洋馆。

3. 无论别人干什么，小博都努力跟别人保持一致。就算有不同的想法，他也从来不说。因为他觉得既然其他同学都这样，那肯定这样就是对的。

周恩来总理与"求同存异"方针

同学们，不仅人与人之间的沟通需要"求同存异"，国家与国家之间的交流也是如此。周恩来总理作为中华人民共和国的第一任外交部部长，他提出的"求同存异"的思想为世界的和平发展做出了重大贡献。

1955年4月的万隆会议上，周恩来总理在补充发言中正式提出了"求同存异"思想，并进行了集中的阐述。当时，与会各国的情况复杂，社会制度、意识形态和宗教信仰存在差异，而且在一些重大国际问题上的主张也不尽相同。

他指出："中国代表团是来求同而不是来立异的。亚非绝大多数国家和人民自近代以来都经受着殖民主义所造成的灾难和痛苦，这是大家都承认的。从解除殖民主义痛苦和灾难找共同基础，就很容易互相了解和尊重、互相同情和支持，而不是互相疑虑和恐惧、互相排斥和对立。"

他还说："我们的会议应该求同而存异。同时，会议应将这些共同愿望和要求肯定下来，这是我们中间的主要问题。我们并不要求个人放弃自己的见解，因为这是实际存在的反映。但是不应该使它妨碍我们在主要问题上达成共同的协议。我们还应在共同的基础上来相互了解和重视彼此的不同见解。"

周恩来总理的这篇讲话集中体现了他的求同存异的思想。这一思想引起了与会代表的共鸣，终于使会议达成了一致见解，形成了以和平共处五项原则为基础的万隆会议十项原则。这十项原则倡导各国间应和平相处和友好合作，追求共同利益。

周恩来总理"求同存异"的外交思想，为我国建立和发展同世界各国的友好关系，维护世界和平发挥了重大作用。

第六课
塞翁失马，焉知非福

同学们，你们遇到烦恼的时候，会用什么样的态度来面对呢？心烦意乱、情绪低落的时候，不妨换一种心态，积极面对。你会发现，原来事情并没有想象的那么糟。

好天气和坏天气

一天，一位年迈的老奶奶去看望自己的两个儿子。

老奶奶先来到大儿子家。大儿子是卖蜜饯的，他门口的大片空地上，晒着各种各样的果脯。老奶奶看到儿子很勤快，感到非常高兴。她问："儿子啊，你现在最希望的是什么？"大儿子说："我最希望的是有太阳的好天气，最害怕下雨的坏天气。有了好天气，我的果脯就干得快啊！"老奶奶对大儿子说："儿子，我和你一样盼望有太阳的好天气。"

接着，老奶奶又去了小儿子家。小儿子是做雨伞的，他正在家里忙着。老奶奶问小儿子："儿子，你最希望的是什么？"小儿子说："我最希望的是下雨的好天气，最害怕有太阳的坏天气。有了天天下雨的好天气，我的雨伞就好卖了啊！"

　　老奶奶回到家，不知如何是好，坐在门口哭。一位老爷爷走过来，问她："你为什么哭啊？"老奶奶为难地说："下雨天是坏天气，因为大儿子就不能晒果脯了；大晴天也是坏天气，因为小儿子的雨伞就卖不出去了。"

　　老爷爷大笑起来，说："你可以倒过来想啊，天晴是好天气，晒果脯的大儿子会开心；下雨也是好天气，做雨伞的小儿子会开心。"老奶奶想了想，一下子高兴起来了，她说："对呀，不管是晴天还是雨天，总会有一个儿子高兴，每天都是好天气啊！"

◎ 圆桌派

1. 故事里的老奶奶为什么会哭？

_____

_____

2. 老爷爷说了什么？你认为老爷爷说的话有道理，还是老奶奶说的话有道理？

_____

_____

3. 读了这个故事，你有什么启发？

_____

_____

◎ 活动坊

活动1：说一说

如果爸爸妈妈下班回到家，发现你在看电视，还没有开始做作业，他们因此严厉地批评了你。你的态度会是怎样的？

A. 感到非常生气，和爸爸妈妈大吵一架。

B. 爸爸妈妈是因为关心我才会批评我，我要马上完成作业。

你会选择怎么做？讨论不同做法的结果。

活动2：善意冥想训练

1. 做几个深呼吸，让自己放松下来。呼吸一次比一次深，每一次都比上一次吸入更多的空气。

2. 把注意力集中到心脏部位，感受自己的呼吸，然后回想和某个你爱的人在一起的时光。

3．把这种爱的感觉指向生活中的熟人，可以是你的爸爸妈妈，也可以是朋友，祝福他们更加快乐，祝福他们拥有真正的幸福。

4．感受这份爱的善意不断扩大范围，祝福更多你认识但不是很熟的人更加快乐，祝福他们拥有真正的幸福。

◎ 拓展营

读一读，写一写

1．能看到每件事好的一面，并养成一种习惯，还真是千金不换的珍宝。

2．要学会接受那些无法改变的事实，不失望，也不生气。

3．关心并帮助他人，可以让自己感到快乐。

4．微笑是天底下第一张通行证。

塞翁失马，焉知非福

很久以前，有一位老汉住在与胡人相邻的边塞地区，人们都称他为"塞翁"。塞翁生性乐观，为人处世的方法与别人不同。

有一天，塞翁家中的马不知道什么原因，在放牧时迷了路，怎么找都找不到了。邻居们知道这一消息以后，都表示很惋惜。塞翁却不以为意，反而劝慰大伙儿："丢了马，当然是件坏事，但谁知道它会不会带来好的结果呢？"

果然，没过多久，那匹老马又从塞外跑了回来，还带回一匹胡人骑的骏马。于是，邻居们又一起来向塞翁贺喜，并夸他在丢马的时候很有远见。然而，这时唯独塞翁忧心忡忡地说："唉，谁知道这件事会不会给我带来灾祸呢？"

家里添了一匹胡人骑的骏马，塞翁的儿子非常开心，每天骑马兜风。终于有一天，少年一时得意忘形，居然从飞驰的马背上掉了下来，不幸摔坏了一条腿，造成了终生残疾。善良的邻居们得知消息，纷纷前来安慰塞翁，塞翁却还是那句话："谁知道它会不会带来好的结果呢？"

又过了一年，胡人大举入侵中原，边塞形势紧张，身强力壮的青年都被征去当了兵，结果十有八九都在战场上送了命。而塞翁的儿子因为跛了腿，免服兵役，故而他们父子得以避免了这场生离死别的灾难。

综合活动（二）

小小故事会

有一滴小水珠，从来没有离开过大海母亲的怀抱。它对外面的世界非常好奇。一次偶然的机会，它被抛到了高处。刚被抛到高处时，小水珠还有些害怕，但渐渐地，它就被眼前的情景吸引住了。炫目的阳光、亮丽的彩虹、湛蓝的大海，无一不使它陶醉。没想到空中的景色这么美！小水珠在微风的吹拂下飘呀飘呀，忘却了一切。这时，传来了海妈妈焦急的声音："小水珠，快回来，太阳会把你晒干的！"小水珠满不在乎地回答："妈妈，我再玩会儿，这儿太美了……"

可还没等它说完，一束强烈的阳光照过来，小水珠瞬间消失得无影无踪。

一滴水只有放进大海，才不会干涸。同样，一个人只有融进集体，才能充分展现生命的价值。

结合故事，请思考以下问题：

1. 为什么小水珠离开大海母亲的怀抱后，会马上消失？

2. 如果小水珠不想在这个世界上消失，它该怎么办？

3. 你从这个故事中悟出了什么道理？

趣味游戏

趣味游戏一：协作运输

游戏规则：三人一组，把一名同学的眼睛遮住，一名同学的双手绑住，一名同学的双腿也绑住，用这种方式代表他们身上存在着不同的优点和缺点。每个组两个球，代表贵重物品。三人要团结合作，把贵重物品从教室后面运到讲台上来。速度快，并且球不掉在地上的小组为胜。

问题讨论：游戏成功的关键在于什么？

趣味游戏二：紧急脱险

游戏规则：每一个小组前面都有一个空瓶，这个瓶代表着一座即将塌陷的城楼。"城楼"里面放了四个用线拴着的粉笔头，它们代表着四个"陷入危险境地的人"。请每个小组派四名同学参加，在老师喊"开始"后，赶紧将代表你自己的粉笔头从瓶子里提起来。只有在老师规定的时间内提出粉笔头，才算安全脱险了。而且这一过程的时间很短，只有四秒。以四人全部脱险，用时少者为胜。

问题讨论：这个游戏获胜的秘诀是什么？

趣味游戏三：巧涂颜色

游戏规则：以学习小组为单位参加游戏，各组准备好一盒彩色笔和一张图形纸，纸上有 8 个图形。老师会先快速报一遍各图形的颜色，然后请各个小组以最快的速度，用指定的颜色把指定的图形涂好。涂好后，请把你们小组的作品贴到黑板上展示。以涂色准确且用时少者为胜。

问题讨论：谈谈你在比赛中的体会。

第七课
多姿多彩的节日

中国自古以来就是一个统一的多民族国家，不同的民族有着不同的习俗。在过中国人最隆重的节日——春节的时候，壮族人会有什么独特的习俗呢？让我们跟随林林的春节日记，一起去看看吧！

🐱 春节日记

　　我的爸爸是汉族人，我的妈妈是壮族人，我们一家三口生活在深圳。以前，我都是和爸爸妈妈在深圳按照汉族人的习俗过春节的。今年我特别期待，因为爸爸要带我回到妈妈的家乡广西，感受壮族人的春节！

2018 年 1 月 24 日　　晴

没有粥的"腊八"

　　今天是腊月初八，我小时候就会背这样一首童谣："小孩小孩你别馋，过了腊八就是年。"爸爸以前告诉我，喝了用八种粮食做的腊八粥，过了腊八节，就预示着春节要来临了。可是这一次，到了晚上我也没有等到期待了一天的腊八粥。我问外公："为什么今天没有腊八粥呢？"听了外公的解释，我这才明白。原来，壮族是没有腊八节的。外公还告诉我，在壮族的春节习俗中，等到农历腊月二十三"送灶"一过，便处处洋溢着喜迎新春的气氛：扫房梁，制作肉粽、糍粑、米花糖、糯米饼等新年食品。哈哈，腊月二十三送灶神，这一点和汉族一样。

2018 年 2 月 15 日　晴

吃粽子的除夕夜

终于盼到了大年三十。在广西，壮族人这一天也和汉族人一样庆祝除夕。除夕当天，妈妈和外婆忙着杀鸡宰鸭，蒸制扣肉、叉烧肉等。我以为还会和汉族一样包饺子，结果稀奇的是，下午全家人围坐在一起包粽子！咦，粽子不是端午节才吃的吗？我百思不得其解，便去问外婆。外婆说："粽子是壮族过春节时必不可少的食品，但我们在年三十晚上却不吃。因为粽子在我们壮族人眼中是比较高贵的食品，大的能有一两斤重呢。此外，还有一种叫'凤莫'的粽子，就是特大号的粽子，每个重达一二十斤呢！""哦！原来是这样！那既然年三十晚上都不吃粽子，为什么还要包那么多呢？"我又问。外婆笑了笑，说："正月里有客人来，要给他们粽子吃。我们出门去拜年的时候，也要带上粽子。"

到了晚上，外公将准备好的猪肉、鸡、酒、米饭等作为祭品，祭拜祖先和诸神灵。然后，烧纸钱、燃放鞭炮。祭祀结束了，我们才开始吃团圆饭。外婆说，这一餐的菜肴要有所剩余，以示"年年有余"。晚饭的八道菜中，少不了"白斩鸡"，而有老人的家庭，还会炖猪脚、炖整鸡。妈妈说，米饭要做得很多，叫"压年饭"，剩到第二天吃，象征着富裕。听着外婆和妈妈讲着这些习俗，我不由得期待起来，明天的大年初一，会怎么庆祝呢？

2018 年 2 月 16 日   晴

在家吃素的年初一

今天是大年初一，我早早地起床，问妈妈："妈妈，我们先去谁家里拜年呢？"妈妈说："今天我们不出门，在壮族的春节习俗中，初一是不走亲访友的，初二才能相互拜年。而且今天也是不能杀生的呢，所以午餐没有肉吃，晚上就吃昨晚的剩菜。"好吧，这是壮族春节特有的习俗，那我就继续期待明天吧！

2018 年 2 月 17 日　　晴

年初二，舞春牛

今天是大年初二，总算可以出门拜年啦！我们提着粽子和米花糖去舅舅家拜年。路上，我们遇到了一群人。他们围在一起，欢声笑语，又唱又跳，好热闹啊！我问妈妈他们在干什么。妈妈说："那是壮族春节特有的庆祝活动——舞春牛，是为了祝愿新的一年风调雨顺，五谷丰登。"以前，我只见过春节舞龙，还没见过舞牛呢！我忍不住凑上前看了起来。原来，"春牛"是用竹片巧妙地编织而成的，牛角、牛头上糊着棉纸，牛眼是画上去的，牛身上则蒙着一块黑布或灰布。舞牛人敲锣打鼓地在村中表演，钻进布底的两个人，一人在前边撑着牛头，一人在后边弯腰拱背地甩尾巴。一个手拿犁架的汉子跟在后边，旁边还有敲锣打鼓的，领唱春牛歌的。他们走到哪里，哪里就有歌声和笑声。

我看得都舍不得走了。妈妈告诉我，他们会一直从今天闹到正月十五，明天还可以来看的。

圆桌派

1. 林林的日记里写的是哪个少数民族的春节？

_____

_____

2. 大年三十，汉族人家家户户包饺子。壮族人的年夜饭里有什么？

_____

_____

3. "舞春牛"是什么？

_____

_____

4. 你还知道哪些少数民族不同于汉族的春节习俗？

_____

_____

◎ 活动坊

活动1：画一画

根据林林日记中的描述，你能画一画壮族人"舞春牛"的场面吗？

活动2：填一填

壮族人的春节习俗和汉族有何异同？

	汉族	壮族
相同点		
不同点		

◎ 拓展营

拓展：你知道吗？

民族节日是民族历史的活化石，是民族生活方式的集中体现，也是民族传统文化的生动展示。不少民族节日已有几百年的历史，有的甚至经历了上千年的岁月，成为深深植根于中华大地上的一种文化现象，也正因为如此，民族节日是需要我们进一步挖掘的文化宝库。

在每年夏秋之交，蒙古族人民都会在草原上举行盛大的那达慕大会。那达慕，蒙古语意为"游戏"或"娱乐"。原指蒙古族传统的"男子三竞技"——摔跤、赛马和射箭。随着时代的发展，到今天逐渐演变成包括多种文化娱乐内容的盛大庆典活动和物资交流活动。规模一般是看当年牧业的生产情况，小丰收小开，大丰收大开。活动内容除了传统的"男子三竞技"，还有文艺演出、田径比赛和各类经济文化展览，以及订货洽谈、物资交流等。

◎ 小视野

每年都有超过1000个节日庆祝活动在世界各地举行，这些多姿多彩的节日讲述了当地的文化和历史，承载着人们的美好愿望。让我们走出国门，去看看其他国家的特色节日吧！

感恩节

感恩节是美国的民间传统节日，定在每年 11 月的第四个星期四，旨在感谢生命中遇到的一些人和事。每逢感恩节，美国举国上下热闹非凡，有许多戏剧表演、化装游行、体育比赛等。这一天，家家户户都要吃火鸡，还有一些传统的菜肴，例如西葫芦、奶油洋葱、土豆泥、番瓜派等。

樱花节

樱花在日本已经有一千多年的历史，是日本的国花。"欲问大和魂，朝阳底下看山樱。"日本人把樱花视为勤劳、勇敢、智慧的象征。因为樱花热烈、纯洁、高尚，严冬过后，它最先带来春天的消息。因此，日本政府把每年的 3 月 15 日至 4 月 15 日定为"樱花节"。日本人一般会选择在这个时候出游，在樱花树下席地而坐，一边赏樱花一边开怀畅饮。同时，这也是赞美大自然、放松身心的绝好时刻。

宋干节

宋干节是泰国、老挝的传统节日，节期3天，每年自4月13日至15日举行。在这期间，举国上下异常喜庆，进行各种宗教庆典和民间仪式，亲朋好友也会欢聚一堂。每年4月13日至15日的清晨，善男信女们先到寺庙内拜佛，由德高望重的和尚把浸着桃枝花瓣的香水淋洒在他们身上，以驱除邪气。然后，由信徒们厸香水轮番洒于佛像全身，祈求吉祥。祈祷仪式结束后，就进入了整个节日的高潮部分——泼水狂欢。这时的景象和中国傣族的泼水节颇为相似，人们纷纷拥出寺庙，不分男女老少和国别民族，互相泼水，以表达祝福。更有甚者，把大象牵上街，用象鼻向行人疯狂喷洒清水。人们在水中载歌载舞，欢笑嬉戏，整个城市都沸腾了起来。

第八课
劳动创造生活

原始人生活的时代，工具非常简陋，他们既要努力寻找食物，又要抵御野兽们的攻击。在严酷的生活环境中，原始人一点一点积累着生活经验，在生活实践中不断地发明创新。适应恶劣生活环境的同时，他们也在不断进化。

聪明的原始人

在原始社会中，原始人出于本能，就地取材，使用木棒、石块等作为工具，抵御来自野兽的攻击。后来，比较聪明的原始人开始想办法，通过打砸石块的边缘来突出石块的棱角，使棱角变得锋利。然后，他们用磨制好的石片坎削棍棒，让棍棒大小适中，使用顺手。人们把使用这种简单打制石块的时代，称为旧石器时代。能够使用、打砸石块作为防身和狩猎的工具，对当时的原始人来说是巨大的时代进步标志。

后来，又有聪明的原始人发现，经过磨制的石块更加锋利，如果根据自己的需要，对各种石块的棱角进行打磨，原本粗糙的石片还会变成锋利的石刀、石斧。这种工具制作方式的改进，大大促进了原始社会的进步。由于有了更为锋利的生产工具和防御武器，面对凶猛的野兽，原始人就逐渐从弱者转变为强者，获得了更多的狩猎成果。有了食物基础，原始人自然就有条件更好地繁衍生息了。

虽然得以发展壮大，但是这个时候的原始人只会吃生的肉。因为这些没有处理过的食物里面有很多细菌，所以原始人经常容易生病。在茂密的原始森林里，还经常会有恐怖的雷电出现。雷电击中树木，就会产生火。开始的时候，原始人和野兽们一样害怕火。不过，还是有勇敢的原始人尝试着靠近火，并且克服了对火的恐惧，最终学会了利用火。他们不但在洞穴中围着火堆取暖，还将火堆放在洞口作为防御野兽的屏障。原始人轮流给火堆加柴，确保火种常年不灭。此时，他们并没有想到除了取暖和防御野兽以外，火还会有其他用处。

直到有一天，他们发现经过火堆烧烤的兽肉特别香嫩可口，远远超过了生食时的口感。自此，原始人开始食用熟食。随着经验的积累，他们还尝试了各种各样将食物变熟的方法，学会了烧、烤、蒸和煮。

此外，原始人也逐渐出现了男女分工。强壮的男性负责在外面狩猎，女性就负责种植和在洞穴里面做饭。用火烤熟的食物更易于人体吸收食物的营养，从而增强了他们的体质，减少了疾病的发生。生活状态的进步，延长了原始人的寿命。

圆桌派

1. 同学们，原始人在丛林中会遇到什么危险呢？

_____

_____

_____

2. 原始人是怎么解决这些危险的？

_____

_____

_____

3. 在你看来，原始人聪明在哪里呢？

_____

_____

_____

◎ 活动坊

活动：试一试

我是小能手

利用1-2张卡纸，通过折、卷等各种方式，将其组合成一座纸桥。让这座纸桥尽可能承受更多的重量。

◎ 拓展营

拓展1：演一演

同学们，请你们设计一些我们祖先的生活场景，并把这些场景演出来。比如说，原始人是怎样捕猎、怎样生活的呢？

情景一：几个原始人把一头野猪慢慢地围起来，逐渐把野猪逼到他们挖好的陷阱里。

情景二：在深夜，原始人轮流起来给火种加柴，并保护睡着的伙伴们，防止有野兽接近。

请同学们看一看小说《鲁滨孙漂流记》，了解人怎样在原始的环境里生存下来。

小视野

互联网时代的新职业

随着互联网技术的发展和社会理念的进步，我们的职业也在不断发生变化。2021年3月18日，中国人力资源和社会保障部、国家市场监督管理总局、国家统计局联合发布了集成电路工程技术人员、企业合规师、公司金融顾问、易货师、二手车经纪人、汽车救援员、调饮师、食品安全管理师、服务机器人应用技术员、电子数据取证分析师、职业培训师、密码技术应用员、建筑幕墙设计师、碳排放管理员、管廊运维员、酒体设计师、智能硬件装调员、工业视觉系统运维员这 18 个新职业信息。这些新的职业信息主要有以下几个特点：

1. 数字化技术发展催生出新职业

互联网技术在生活中应用越来越普遍，数据安全问题也越来越受重视。2012 年，"电子数据"作为新的证据形式被纳入《中华人民共和国刑事诉讼法》，电子数据取证作为一种全新的取证技术广泛应用于刑事诉讼活动中。电子数据调查分析服务也由司法机关逐渐延伸至其他行政执法部门和大型企事业单位。因此，"电子数据取证分析师"被纳入职业分类目录。

随着服务机器人在教育、娱乐、物流、安防巡检等领域得以广泛应用，"服务机器人应用技术员"这个职业也诞生了，他直接负责服务机器人的需求反馈、应用与推广，是推动服务机器人产业发展的重要人才支撑。

2.绿色发展理念和食品安全要求涌现出新职业

2020年底，生态环境部出台《碳排放权交易管理办法（试行）》，推动经济发展方式绿色低碳转型。碳排放管理是一个技术性、综合性较强的工作，需要掌握相关碳排放技术，熟悉政策和标准，做好碳排放规划、核算、核查和评估等。"碳排放管理员"新职业应运而生。这一职业从业人员将在碳排放管理、交易等活动中发挥积极作用，从而有效推动温室气体减排。

随着生活水平的不断提高，"食以安为先"的要求更为迫切。国家在加强食品安全监管的同时，也需要引导食品生产经营单位自主开展食品生产、流通、销售、服务等全流程的安全控制，全面提高食品安全质量。"食品安全管理师"作为食品生产、餐饮服务和食品流通等活动中从事食品安全风险控制和管理的人员，未来会有巨大的市场需求。

3. 人民日益增长的美好生活需要派生出新职业

汽车更新换代带来大量二手车交易需求，且交易方式呈现出复杂化、多样化和专业化的趋势。二手车交易涉及品牌认证、拍卖交易、委托交易及各种金融服务、质保等业务，从而催生出专业的"二手车经纪人"，通过提供专业化的交易咨询和交易服务，维持公平、公开、透明的交易秩序，提高交易效率，满足公众对汽车的个性化需求。

随着生活模式改变及生活节奏加快，原先单一的茶叶、牛奶或酸奶等饮品，已难以满足消费者的多样化需求，近年来出现了将茶叶、奶、果蔬等融合开发出的新式可口健康饮品，广受群众特别是年轻人的喜爱。"调饮师"作为新兴职业，不仅有利于促进灵活就业，还可以带动茶叶、奶类及果蔬等产业的发展。

108

第九课
众人同心，其利断金

一二三！

三国时期的孙权曾说过这样一句话："能用众力，则无敌于天下矣；能用众智，则无畏于圣人矣。"的确，人只有善于合作，发挥个人潜能，才能汲取众智，形成合力。

三个臭皮匠，顶个诸葛亮

在日常生活中，我们常常听到一些民间俗语，比如"三个臭皮匠，顶个诸葛亮"。诸葛亮字孔明，号卧龙，是三国时期蜀国汉丞相，是杰出的政治家、军事家、文学家，但是臭皮匠就是臭皮匠，怎么三个就能顶个诸葛亮呢？

原来这句话最初是这么说的，"三个臭裨将，顶个诸葛亮"。"裨"有相助、助手的意思，裨将是古代武官的职位名称，是副将的意思。相传，这个典故发生在诸葛亮草船借箭的时候。当时周瑜嫉妒诸葛亮的才干，让诸葛亮立下军令状，十天之内要造出十万支箭。周瑜心里断定诸葛亮做不到，正好借这个机会除掉他。于是，周瑜一面叫军匠们不要把造箭的材料准备齐，另一方面让鲁肃去探听诸葛亮的虚实。

诸葛亮正在军中大营和裨将们进行商议，他想到的主意是利用二十只船，让人在船上立上稻草人，再用布幔盖住。裨将们听了之后，就猜到了诸葛亮的用意，夸赞道："军师真乃神机妙算，但是这样会让曹操看出破绽，他可不会轻易上当。"诸葛亮听了之后，就询问他们有没有什么好主意。

这三位裨将就开始你一言我一语地认真商讨起来，最后给出了一个主意：给稻草人穿上皮衣、皮帽，这样远远看着就像真人一样。诸葛亮听了之后非常满意，不由得赞叹："真是智者千虑，必有一失。一人难敌三人智。"从此，这句话也就演变成了"三个臭裨将，顶个诸葛亮"，后来逐渐传成"三个臭皮匠，顶个诸葛亮"了。愚者千虑，必有一得，三个裨将，虽官小职微，但每个人都有着不同的思维角度、人生经验和能力，只要集合众人的智慧，就能把事情办好。

圆桌派

1. 为什么三个臭裨将能顶个诸葛亮？

_____

_____

_____

2. 如果在某件事情上，三个"臭皮匠"不如一个诸葛亮，怎么办？

_____

_____

_____

3. 你还知道哪些有趣的俗语？

_____

_____

_____

⊚ 活动坊

活动1：试一试

请同学们把左脚的鞋带解开，把左手背到身后。试一试能不能用一只右手就把鞋带系上。是不是非常难系呢？你有没有更好的系鞋带的方法？请你说一说。

活动2：读一读

关于团结的谚语：

(1) 一人拾柴火不旺，众人拾柴火焰高。

(2) 一人难挑千斤担，众人能移万座山。

(3) 一根线容易断，万根线能拉船。

(4) 一人踏不倒地上草，众人能踩出阳关道。

◎ 拓展营

拓展 1： 演一演

"一个和尚挑水喝，两个和尚抬水喝，三个和尚没水喝。"这是我们耳熟能详的一个典故。请想一想，为什么三个和尚就没有水喝了？

现在请小组合作，把"三个和尚没水喝"的场景进行改写，并将"三个和尚喝到水"的结局演绎出来。

拓展 2： 说一说

我们任何人在这个世界上都不是孤立存在的，都要和周围的人发生各种各样的关联。不论何时何地，也不论你从事什么职业，都离不开与别人的合作。

请你说几个在我们生活中与别人合作的例子，并结合同学们平时的表现，写出你认为的班级中的最佳合作者。

小视野

负荆请罪

战国时期，赵国有两位重臣——蔺相如和廉颇。蔺相如因为多次立功，赵王封他为相国。廉颇很不服气，到处和别人说："我是赵国将军，有攻打城池、野外作战的大功，而蔺相如只不过靠能说会道立了点功，他的地位却在我之上。况且，蔺相如本来是个平民，这更让我难以忍受。"他还扬言说，"我遇见蔺相如，一定要羞辱他。"蔺相如听到后，不肯和他碰面。每到上朝时，蔺相如常常推说有病，不愿和廉颇去争位次的先后。没过多久，廉颇外出，在路上远远看到了蔺相如。廉颇命车夫把车驾到路中，丝毫不给蔺相如空隙，而蔺相如却掉转车子回避了。

于是，蔺相如的门客纷纷谏言："我们之所以离开亲人来侍奉您，就是仰慕您高尚的节义啊。如今您与廉颇官位相同，他对您口出恶言，而您却因为害怕而躲避他。平庸的人尚且感到羞耻，何况是身为将相的人呢？我们这些人没出息，请让我们离开吧！"蔺相如坚决地挽留他们，说："诸位认为廉将军和秦王相比，谁厉害？"他们回答说："廉将军比不了秦王。"蔺相如说："以秦王的威势，我却敢在朝廷上呵斥他，羞辱他的群臣，我蔺相如虽然无能，难道会怕廉将军吗？但是我想到，强大的秦国之所以不敢攻打我们赵国，就是因为有我和廉将军在啊。如果两虎相斗，势必不能共存。我这样忍让，就是要把国家的急难摆在前面，而把个人的私怨放在后面啊。"

蔺相如的话传到了廉颇的耳朵里。廉颇静下心来想了想，觉得自己为了争一口气，就不顾国家的利益，真不应该。于是，他脱下衣袍，背上荆条，到蔺相如的家门前请罪。蔺相如见廉颇来负荆请罪，连忙热情地出来迎接。从此以后，他们成了好朋友，齐心协力保卫赵国。

综合活动（三）

劳动不仅能够让世界变得更加美丽，还能够让生命变得更有意义，让灵魂变得更加充实。让我们一起劳动，从中感受生活的乐趣，收获生活的幸福吧。

活动一：学做一道菜

烹饪，不仅需要一定的技术，还要讲究菜品的美感，注意食物的色、香、味的协调一致。

1.了解菜谱的格式，弄清菜谱要说明的问题。

2.根据自己的喜好，设计一份菜谱。

3.根据自己设计的菜谱，准备食材，在做的过程中提前制定详细的步骤，注意火候，最后成功做出菜品。

4.请爸爸妈妈品尝自己做的菜，并拍照留念。

活动二：松鼠搬家

游戏规则：

1.三人一组。二人扮大树，面对对方，伸出双手搭成一个圆圈；一人扮松鼠，并站在圆圈中间；其他没成对的学生担任临时人员。

2.主持人在中间摇动铃鼓，所有人需要注意听铃鼓的节奏和主持人的口令。

3.主持人喊"松鼠搬家"，大树不动，扮演松鼠的人就必须离开原来的大树，重新选择其他的大树；临时人员可以躲到大树中，落单的人表演节目。

4.主持人喊"大树搬家"，松鼠不动，扮演大树的人就必须离开原先的同伴重新组合成一对大树，并圈住松鼠，临时人员就应临时扮演大树，落单的人表演节目。

5.主持人喊"地震"，扮演大树和松鼠的人全部打散并重新组合，扮演大树的人也可扮演松鼠，扮演松鼠的人也可扮演大树，落单的人表演节目。

第 十 课
餐 桌 礼 仪

俗语说："站要有站相，坐要有坐相，吃要有吃相，睡要有睡相。"这里边的"吃相"指的就是餐桌礼仪。餐桌虽小，却能体现出一个人的礼仪。如何在餐桌上体现出自己的教养呢？一起来学习吧。

是谁破坏了我们的美餐

红树林小学开学不久，小明所在的班级就开展了去华侨城湿地公园考察红树林湿地生态系统的活动。在活动中，他们了解了很多关于红树林的知识，感到受益匪浅。

活动结束后，大家迎来了期盼已久的聚餐时刻。在饭店里，刚一开餐，服务员阿姨就送上了很受欢迎的红烧排骨。结果，大家都还没来得及下筷，整盘红烧排骨就被一个同学"抢"到了自己面前，他还用筷子在盘子里搅了一遍，得意地说："这盘菜是我的了，谁都别想抢。"班长小明看到了，说："我们应该相互谦让，注意用餐卫生，使用公筷夹菜。"第二盘菜是红烧肉，有两个同学在盘子里挑来挑去，抢着把瘦肉夹走。最后，他们为了几块瘦肉吵来吵去，口水喷了一整桌。小明说："同学们，我们在就餐时，要保持安静，文明用餐。"第三道菜是有着可爱的小动物造型的馒头。几个同学看到后，又展开了抢夺大战。第四道菜是每人一份意大利面和蘑菇汤。结果，同学们边吃边说说笑笑，还有的同学走到餐桌旁打打闹闹。饭店的大厅里充斥着各种声音，有吃面的声音、喝汤的声音、吵闹的声音。这让小明感到很不舒服，他对大家说："同学们，用餐时要礼让他人，不发出杂声，不打扰他人。"第五道菜是可乐鸡翅，这是小明最喜欢的食物。小明正准备去夹时，小红忽然对着整盘可乐鸡翅打了两个大大的喷嚏。小明欲哭无泪地看着自己最喜爱的美食，却已经完全没有想吃的欲望了。他对小红说："就餐时，如果想打喷嚏或者咳嗽，先把脸朝向外侧，再用纸巾捂住口鼻，避免口水里的细菌侵蚀食物。"服务员阿姨看到了这一幕，又专门给大家送来了一份可乐鸡翅。小明和同学们开开心心地吃完了可乐鸡翅，幸福感油然而生。

用餐结束后，小明心里五味杂陈。他首先找到了服务员阿姨，对她说："阿姨，谢谢您今天为我们服务，您辛苦了！也谢谢您的可乐鸡翅，非常好吃！"同学们看到这里，也纷纷向阿姨道谢。

第二天，班长小明让同学们反思一下自己昨天就餐时的行为。最后，大家觉得如果就餐时能讲文明，注意餐桌礼仪，那么品尝美食时一定会吃得更加开心。

◎ 圆桌派

1.聚餐时，同学们有哪些不文明的行为？有哪些文明的行为？

_____

_____

_____

_____

2.你认为就餐时应该注意哪些餐桌礼仪？

_____

_____

_____

_____

◎ 活动坊

活动1：读一读

要做文明好孩子，

就餐礼仪不能少。

左边入座右边出，

女士长辈先坐好。

筷子勺子不乱敲，

夹菜不挑不翻搅。

咀嚼食物不说话，

讲话嬉笑就不好。

不挑食也不剩饭，

细嚼慢咽肠胃好。

餐后收拾少不了，

比比谁做得更好。

活动2：我是侦察员

同学们，你们觉得下面的行为对吗？如果不对，你能说说为什么吗？

1. 一家人聚餐，只有妈妈一个人在厨房为全家准备食物，其他人早早地坐在餐桌旁，一边玩手机，一边等着开饭。

2. 坐下吃饭时，小红主动为奶奶移开椅子。

3. 爸爸妈妈经常带小林在餐馆吃饭，但小林总是喜欢在吃饭的时候大喊大叫。

⊚ 拓展营

拓展1：学一学

1. 用餐工具

筷子是中国饮食文化的标志之一，通常由竹、木、骨、瓷、金属、塑料等材料制作而成。

西方进食时的餐具主要是刀和叉，这与他们以肉食为主有关。

2. 用餐礼仪

中国自古以来讲究一家人要团团圆圆，所以喜欢聚在一起吃饭，也就是聚餐制。

西方自文艺复兴以来，一直推崇自由、平等、尊重的理念。因此，他们认为分餐代表对他人的尊重。

3. 座位排列

中国的餐桌座位讲究长幼有序，尊重长者。

西方的餐桌礼仪，强调女士优先，尊重妇女。

拓展2：演一演

在活动课上，组织学生玩关于中西方"做客"的角色游戏。

目的：让同学加深对中西方餐桌礼仪的了解。

规则：选择20名同学，分为两组，每组10人。分别代表中方和西方。每组中选一名同学做主人，其余做客人。其他同学做评委，表演结束后，点评哪一组完成得更好，更符合中方或西方的餐桌礼仪。

场景：主人在家里招待客人用餐。

⊚ 小视野

餐桌礼仪七步行

1. 请长辈先入座。

2. 等长辈开始吃饭后，自己再吃。

3. 吃东西或喝汤时，要小口进行吞咽，闭嘴咀嚼，尽量不发出响声。

4. 别人给自己添饭菜时，要说"谢谢"。

5. 吃饭时两脚自然并拢，双腿自然平放，坐姿自然，背直立。

6. 不剩饭菜，不挑食，不偏食。

7. 碗碟轻拿轻放，使用公筷摆放整齐。

第十一课
谁看了我的日记

我们每个人都是独立的个体，都有自己的想法和小秘密。有时候，我们会把这些写在日记里。这些都是我们的秘密，也是我们的隐私，我们不但要学会保护自己的隐私，也要注意不能侵犯别人的隐私。

我的日记自己看

不知不觉，林林已经成为一名小学四年级的学生了。在过去的两年里，林林逐渐养成了写日记的好习惯。他会把每天发生的事情，通过写日记的方式记录下来。最近，他的日记里出现最多的就是关于他跟最要好的朋友王明明的友情危机。原来，林林跟明明是最好的朋友。可是，明明最近沉迷于手机游戏，不能很好地完成老师布置的作业。林林跟明明说了很多次，可明明还是没能改掉沉迷游戏的坏习惯。不但如此，因为不耐烦林林的多次劝说，两人的友情也受到了影响。这让林林很苦恼，他不知道怎样才能更好地解决这个问题。

林林习惯把日记放到自己的书包里，这样一来，他有时间就可以记下来自己想要记录的事情。明明也注意到了林林的日记，他很好奇林林每天都会在日记本里写些什么。虽然知道自己最近沉迷游戏的做法很让林林失望，可他怎么努力也改不掉这个坏习惯。明明也知道，自己的态度让林林伤心了，所以他很想知道林林现在心里是怎么想的。

这一天，林林上完厕所回来，发现自己的日记本被明明拿在了手里。林林觉得很愤怒也很伤心，他一把将自己的日记本从明明的手里夺了回来，紧紧地抱在了怀里。他打开了自己的日记本，看着自己写过的日记，在这一瞬间，他觉得自己失去了所有的秘密，心里很难过。

看着林林要哭的样子，明明知道自己做错了，他不应该没有经过明明的允许就偷偷看了明明的日记。仅仅因为自己的好奇心，就偷看了别人的日记，这样做是不对的。更重要的是，这种做法影响了自己和林林的友谊。想到这儿，明明也伤心地哭了，他一边哭一边跟林林道歉，说自己不应该看他的日记，自己只是怕林林不想再跟他做朋友了。林林听懂了明明的话，但他还是很严肃地告诉明明："日记是我自己的东西，我只是想把自己想写的东西写下来。日记是我给自己看的，不是给别人看的，所以这件事是你做错了。希望以后你不要再做这样的事情，也希望你改掉沉迷游戏的坏习惯。"

明明看到林林原谅了自己，也下定决心要改掉沉迷游戏的坏习惯。同时，明明也明白了，日记是一个人的秘密和隐私，是一本只能自己看的书。

　　我们要做到像林林一样保护自己的秘密，保护自己的隐私。同时，也不能侵犯别人的隐私。

◎ 圆桌派

　　1. 为什么林林在发现自己的日记被明明偷看了以后，会觉得特别生气呢？

_____

_____

_____

　　2. 如果你是林林，你会如何告诉别人尊重自己的隐私？

_____

_____

_____

◎ 活动坊

活动1：设计名片

请你为自己的日记本设计一张名片，请别人尊重自己的隐私。

活动2：写一写

请和爸爸妈妈交流一下关于日记的看法。然后，尝试写一篇谈话记录，将爸爸妈妈和自己对于日记的看法记录下来。

◎ 拓展营

1. 请你说一说，为什么你要守护自己的日记？你要怎样保护自己的隐私？

_____

_____

_____

_____

2. 在平常的生活中，如果有人没有经过你的允许动了你的日记，你会怎么跟他说？如何告诉别人尊重你的隐私？

_____

_____

_____

_____

142

◎ 小视野

根据中国互联网络信息中心发布的第 46 次《中国互联网络发展状况统计报告》显示，截至 2020 年 6 月，中国的网民规模达到 9.40 亿，互联网普及率达 67.0%。基数庞大的网民，产生的数据总量也是空前的。这些数据中，有个人的姓名、性别、生日等信息，还有在互联网上的行为轨迹等，很多都属于个人隐私。我们在享受互联网带来的高效和便捷的同时，个人信息的安全保护是值得每个人引起重视的问题。

《中华人民共和国网络安全法》第七十六条第（五）项规定：个人信息，是指以电子或者其他方式记录的能够单独或者与其他信息结合识别自然人个人身份的各种信息，包括但不限于自然人的姓名、出生日期、身份证件号码、个人生物识别信息、住址、电话号码等。针对我们日常的生活，可以做好以下几方面的防范工作：

1. 做好个人信息安全保护

对容易泄露个人信息的物品进行妥善处理，如快递包装上的个人信息、火车票上的姓名、身份证信息、消费记录等。

2. 做好密码的区分

尽量不将电子邮箱、微信或网上其他注册的账号登录密码、取款密码、支付宝密码等设置为同一个密码，否则，一旦被犯罪分子攻破一个账号，容易造成额外的损失。

3. 设置高强度密码

尽量使用"字母＋数字＋特殊符号"的高强度密码，在方便自己记忆的数字或字母之间加入特殊符号，增加破解的难度。

4. 使用社交软件时注意防范信息泄露

我们在使用微博、微信等社交工具时，尤其是在朋友圈晒照片时，应当对有可能泄露个人信息的照片进行模糊化处理，如火车票、登机牌上的身份证号、二维码等。

第十二课
广 告 的 力 量

广告遍布我们生活的每一个角落，对我们的生产和生活产生了巨大的影响。有创意的广告往往能一下子抓住顾客的眼球，有故事、有内涵的广告更是能打动人心。然而，广告的内容既有真实的，也有虚假的。面对琳琅满目的广告，我们需要学会辨别真伪，才能买到称心如意的商品。

农夫山泉有点甜

2000 年，"农夫山泉有点甜"这句广告词让许多人记住了农夫山泉这个品牌的矿泉水。之后，农夫山泉又推出了十分出色的创意广告。其中，"我们不生产水，我们只是大自然的搬运工"这句广告词在网络上迅速走红，农夫山泉也因此逐渐走进了大众的视线，成为很多人选购矿泉水时的首选。

在国内，较为知名的饮用水品牌除了农夫山泉以外，还有娃哈哈、百岁山等品牌。这些知名品牌占据了国内瓶装水市场 80% 的市场份额。每个品牌都依靠自己的特点获得了消费者的青睐。2017 年，农夫山泉的净利润达到了 33.69 亿元。在农夫山泉首次将自己的业绩公布之前，谁也没有想到，靠着卖矿泉水竟然会赚这么多钱。

农夫山泉之所以如此成功，与它的创始人钟睒睒的努力是分不开的。在农夫山泉推出之前，钟睒睒没有跟风，而是另辟蹊径。他推出了含有多种营养物质和生理活性的天然水。这种理念让农夫山泉成功地走向了市场。

农夫山泉发展至今，已经有二十多年，它的发展历程与钟睒睒的产品理念、产品质量及营销方法等是分不开的。截至目前，农夫山泉已经有茶类、水类、功能类、果汁类和化妆品类的商品面市。

◎ 圆桌派

1. 看完"农夫山泉有点甜"这句广告词，你联想到了什么？

_____

_____

_____

2. 农夫山泉成功的原因是什么？

_____

_____

_____

3. 小组讨论，说一说影响极大的广告具有怎样的特点？

_____

_____

_____

⊚ 活动坊

活动1：广告剪影

广告按照目的属性主要分为公益广告和商业广告两类。不同的广告会向我们传递不同的信息，请你仔细观察以下的广告图片、标语等，谈谈你获取的信息。

①公益广告

除了相片，什么都不要带走；除了脚印，什么都不要留下。

②商业广告

能打电话的手表。

×××方便面，好吃看得见。

活动2：广告标语

同学们，奇妙的广告语能引发我们的奇思妙想，读一读下面的广告语，你更喜欢哪一句呢？说说你的理由。

打字机广告——不打不相识。

眼镜店广告——眼睛是心灵的窗户，为了保护您的心灵，请为您的窗户安上玻璃。

帽子公司广告——以帽取人

理发店广告——一毛不拔

广告的由来及发展历史

广告一词是外来语，在英语中为"advertise"，基本含义为注意、诱导、劝告等。随着英国进行大规模的海外殖民和商业活动，"advertise"也演变成"advertising"，含义也成为广告、登广告、设计广告的职业或技术等。可见，广告是一种信息传递活动，是人们为了某种特定的需要，通过一定媒介，公开而广泛地向公众传递信息的手段。按照人类社会发展的历史，广告的阶段性发展可以分为三个主要时期。

1. 原始广告时期

原始广告时期是广告发展史上的第一个重要时期，从远古时期到18世纪，人类社会处于自给自足的农业社会形态，这时期广告的数量、速度、传播范围较为有限。世界上最早的广告是通过声音进行的，叫口头广告，这是最原始、最简单的广告形式。

早在奴隶社会的古希腊，人们通过叫卖吸引他人注意，贩卖奴隶和牲畜。

2. 现代广告时期

第二个时期是现代广告时期，这一时期的广告形态和活动方式建立在工业经济的基础上。从 18 世纪中叶到 20 世纪初，属于现代广告的产生期，专业广告公司和广告职业开始产生和形成，报纸杂志等成为刊登广告的主要载体，1830 年的美国有 1200 种报纸，许多报纸第一版大部分或整版都是广告，上面有许多推销书籍、茶、牛奶等商品的广告。20 世纪初到 20 世纪中后期属于现代广告的成熟和高速发展期，广播、电视、电影、电子计算机等设备都被发明创造出来并为广告所用，广告成为人们生活中不可缺少的东西。

3. 信息与经济全球化时期

20 世纪中后期，随着信息技术和全球化的发展，广告传播也出现了信息化、全球化的特征，以至广告在我们现代生活中随处可见，带给我们非常丰富、形式多样的各类信息，也时刻冲击着我们的眼睛、耳朵。比如中国移动的"沟通从心开始"、农夫山泉的"农夫山泉有点甜"、耐克的"Just do it"、可口可乐的第一条广告语"请喝可口可乐"、雀巢咖啡的"味道好极了"，等等。

综合活动（四）

沟通，是人际交往的前提。在我们的日常生活中，和同学、父母、老师的沟通还顺利吗？在与人沟通中你遇到过哪些问题呢？下面通过几个小游戏来感受一下吧。

游戏1：撕纸指令

游戏准备：每人准备两张16开纸（废纸亦可）

游戏程序：

（1）每位同学拿出一张纸。

（2）老师发出单项指令：大家闭上眼睛——全程不许问问题——把纸对折——再对折——再对折——把右上角撕下来，转180度，把左上角也撕下来——睁开眼睛，把纸打开。

请大家展示自己的作品，然后看看你的周边哪些人的图案跟你一致？

思考讨论：为什么同样的材料、同样的指令，撕出来的作品形状会如此千差万别呢？

接下来请一位同学上前来，请重复上述的指令，唯一不同的是这次同学们可以问问题！

思考讨论：这次同学们手中的图案有什么不同？为什么？

主持人：

第一次，使用了单向的沟通方式，结果听者总是见仁见智，每个人都按照自己的理解来执行，通常都会出现很大的差异。

但第二次使用了双向沟通之后，差异依然存在！说明有效沟通，不是一个简单的问题。那我们在生活中跟别人沟通都运用过哪些方法？哪些方法有效？遇到过怎样的困惑？请同学们来分享与人沟通的方法，谈谈遇到的困惑。

主持人：（过渡）可能每个同学都或多或少地在生活中使用了沟通的方法，也遇到过各种各样的沟通困难。为了让大家亲身体验沟通的过程，感受什么是良好沟通的重要因素，我们再来玩一个游戏！

游戏 2：你听我说

一架私人飞机坠落在荒岛上，只有 6 个人存活。这时逃生工具只有一个能容纳一人的橡皮气球吊篮，没有水和食物。

分配角色：

小组自行分配好 6 个角色，然后各自准备，最后集体讨论。角色如下：

1．孕妇：怀胎八月

2．发明家：正在研究新能源（可再生、无污染）汽车

3．医学家：今年研究艾滋病的治疗方案，已经取得突破性进展

4．宇航员：即将远征太空，寻找适合人类居住的新星球

5．生态学家：负责热带雨林抢救工作组

6．流浪汉

游戏方法：针对由谁乘坐气球吊篮离开荒岛呢？各自陈述理由，陈述之前先复述前一人的理由。最后，根据大家复述别

人逃生理由和陈述自身逃生理由的情况，推荐其中一个人离开荒岛去寻找救援。游戏时间共计 10 分钟，没有选出离岛的人也要结束。（每个角色都必须争取自己离开荒岛去寻找救援，每个人的生命都是一样珍贵的。）

请小组代表分享以下问题：

1．你选择某人离岛的原因是什么？

2．你被选为优先离岛的感受是什么？

3．如果你们组没有选出合适的人，原因是什么？

误会了五十年

一对老夫妻，在他们结婚五十年后，准备举行金婚纪念。在这天吃早饭的时候，老太太想："五十年来，每天我都为丈夫着想，早餐吃面包圈时，我都把最好吃的面包圈的头让给他吃。今天，我该自己享受这个美味了。"于是，她切下了带奶油的面包圈的头给自己，把剩下的给了丈夫。不料她丈夫很高兴，吻了吻她的手，说："亲爱的，今天你给了我最大的享受。五十年来，我从没吃过面包圈的底部，那是我最爱吃的，我一直想你也一定喜欢吃那个。"

1. 读完这个故事你有什么体会？

2. 你理解的沟通是什么？

生命关怀为本　幸福发展至上

帕克·帕尔默在《教学勇气》中强调："教师留在学生内心深处的一定是关怀和爱。学生或许记不住当年你曾教给他的知识，但你对他的关怀和爱，却让他刻骨铭心。"

人渴望被关怀的愿望无处不在，尤其是对于教育活动中的受教育者而言。关怀，本质上是一种关系。它最基本的表现形式是个体与个体、个体与自然之间的一种连接和接触。教育应当从关系入手，好的教育都是从关怀和信任关系的建立开始的。从某种意义上来说，教育者和受教育者之间的关怀关系能否建立将直接影响教育的成效，因为关怀是全部教育过程中的一个至关重要的问题。教育中的师生关系理应是一种充满了关怀和爱的特殊的人际关系。对于学生而言，当受到教师关怀时，他们内心的生命潜能会极大地被激发，使得他们愿意为给予自己关怀和爱的人而努力拼搏、积极向上。对于教师而言，最幸福的事莫过于看到学生对于自己关怀行为的接纳和回应，即自己的教育关怀促进了学生个体生命的成长。

"小学生生命关怀与系"作为全国教育科学"十三五"规划课题"基础教育学校关怀文化培育的实践研究"（课题批准号FHB180604）的研究成果，以关怀教育为着力点，让个体生命在与他人遇见、连接、理解中不断开放和敞亮自我，重视彼此生命的体验和感受，建立彼此平等、信任、自在的"我—你"关系，让个体生命在"经历"和"体验"中学习关怀的知识以及习得关怀的能力。一个拥有关怀力的个体生命才有可能与他人构建健康的、友善的、温情的、充满了关怀和爱的关系，也才更容易感受到来自他人的关怀和爱。在充满关怀和爱的关系中，个体双方彼此都乐于倾听、乐于了解、乐于分享、乐于共担，继而才有可能获得完整幸福的人生。正如内尔·诺丁斯所说："幸福就是知道有许多人爱我，我也爱许多人。"

"小学生生命关怀书系"总计有六册，每年级一册，既可以作为校本教材使用，也可以作为学生的课外阅读书籍。本书系旨在培养学生的关怀素养和关怀能力，让个体生命在拥有了关怀力后变得"诚实、谦逊、接纳、包容、感恩、充满希望"。本书系根据小学生身心成长特点和教育发展规律，按照六大主题进行编写。

第一册：《我的微笑很灿烂》。本册的主题是微笑。微笑是人类最美的语言，也是全世界的通用语言。不同种族、不同年龄的人都能接收到微笑所表达的善意、鼓励、宽容和期待。一个始终对他人、对世间万物保持微笑的人才有可能以积极、乐观的心态面对人生路上的一切艰难险阻，才能最终获得人生的幸福。通过本册书的学习，学生学会向自己、向他人、向世间万物发出来自心底的微笑，借由微笑释放关怀信号，传递善意，释放爱心和温暖。

第二册：《你的声音很动听》。本册的主题是倾听。歌德认为："对别人述说自己，这是一种天性；认真对待别人向你叙说他自己的事，这是一种教养。"倾听既是一种教养，也是对他人的尊重、理解和支持。通过本册书的学习，培养学生学会倾听自己、倾听他人、倾听世间万物述说的习惯和能力，使学生能够接受来自他人的意见、建议、关注和关爱，并能予以积极友善的回应。

第三册：《我的关怀很温暖》。本册的主题是遇见。一生中，我们会遇见父母、亲人、老师、同学、朋友和世间的万事万物，所有的相遇都会形成一种关系。通过本册书的学习，培养学生感受关怀和爱的能力，鼓励学生用心去感受各种关系中所释放出来的温暖与善意，能心随身到，设身处地与他人、他物共情。

第四册：《你的心意很温馨》。本册的主题是理解。理解是构建个体与个体之间良好关系的关键。多一分理解，就多一分温暖；多一分理解，就多一分感动；多一分理解，就多一分融洽；多一分理解，就多一分美好。通过本册书的学习，使得学生明白理解永远是相互的，在理解他人善意和关怀的同时，打开自己的身心，释放自己的善意与回应，各自的生命状态才会出现积极可喜的变化，个体生命之间才能建立关怀关系。

第五册：《我的成长很快乐》。本册主题是悦纳。成长是个体生命的必经之路，人的成长没有既定的路径图，个体在各自的生命成长中都会体会到不同的快乐、不同的烦恼以及相似的痛苦经历。通过本册书的学习，使得学生可以从他人的成长经历中获得借鉴、汲取经验，从而可以悦纳自我和他人，在悦纳中感悟人生的真谛，在克服困难中不断成长为最好的自己，并享受自我成长的快乐。

第六册：《你的梦想很美丽》。本册主题是憧憬。每个人都拥有对未来的憧憬，可是"未来不是我们要去的地方，而是需要我们去创造的地方"。通过本册书的学习，使得学生不仅能够正确地认识自我、认识世界、认识未来，还能积极地做好身心各方面的准备，主动地去拥抱未来、创造未来。

"小学生生命关怀书系"的编写，得到了很多专家和同人的大力支持。首先，我要感谢中国教育学会常务副会长刘堂江先生、南京师范大学资深教授班华先生、北京师范大学教育学部学术委员会主席檀传宝教授、教育部教育发展中心副主任陈如平研究员、深圳市罗湖教科院附属学校校长李隼博士，感谢他们对本书系的编写给予的大力支持和精心指导；其次，我要感谢黄蓓红、王杰、吴湘梅、范营媛、王凯莉、何佳华、曹聪、胡祺、杨秋玲、李亚文、饶珊珊、毛婷婷、陈怀超，感谢他们在编写过程中不辞辛劳多方查找资料所付出的辛勤劳动；书中精美的插图是由陈怀超、万逸琳、余启健、黄惠慈所绘，在此一并表示感谢；我还要感谢知识出版社社长姜钦云先生，当我刚有编写这套书的设想时就得到了他的高度认同和鼓励，他还从一个出版人的角度给出了宝贵的专业意见；最后，我特别要感谢檀传宝教授在百忙中为本书系所作的序言，作为国内倡导、研究关怀教育第一人，檀传宝教授不仅帮助我们厘清了关怀教育的真谛，还勉励我们在教育教学实践中努力探索实现真正有效的关怀。

英国著名教育家怀特海认为："教育的目的在于激发和引导学生走上自我发展之路。"而关怀则是激发和引导学生走上自我发展之路的最佳途径之一。沉浸在爱和关怀的氛围中，个体生命的潜能是无限的。我相信，"小学生生命关怀书系"在给学生们的童年生活带来难忘的体验的同时，也将促使他们学会关怀自我，关怀他人，关怀知识，关怀自然和物质世界，在他们个体生命成长过程中留下永恒的记忆。相信他们在今后的人生道路上，只要拥有了关怀力，不论遇到任何艰难险阻，都能保持积极乐观的心态去解决问题，创造属于自己的未来。

李　唯

2021 年 2 月　于深圳